AVERTISSEMENT DE L'AUTEUR.

SI quelqu'un me reproche l'attention avec laquelle j'ai écrit la Pantomime de cette farce, qu'il fasse réflexion que le grand defaut de la plûpart des Ariettes au Théâtre, est de se voir dénuées d'action, soit que ce defaut vienne des paroles & de la situation théâtrale, soit que l'Acteur seulement musicien, ne sçache point les revêtir des gestes, & du sentiment, vrais.

Cette petite Piece annoblie par la musique de M. Phillidor sera (je l'espere) représentée en province; l'Acteur loin de tout conseil qui lui semble valable, en lisant la Pantomime, se trouvera aidé de l'avis de l'Auteur; il peut en partant de-là, fixer ses mouvements, étendre son jeu, & arriver à ce point si difficile de rendre la nature sans la forcer: peut-être pourra-t-il trouver mieux que ce que j'indique, mais s'il rencontre plus mal, les conseils qu'il a devant les yeux serviront de pieces au procès que lui fera l'Auditeur.

BLAISE LE SAVETIER,

OPERA-COMIQUE.

SUIVI

DE LA NOCE DE NICAISE,

Intermede mêlé de Chants & de Danses;

Par Monsieur S....

La Musique de M. PHILLIDOR.

Représenté pour la premiere fois sur le Théâtre de l'Opera-Comique de la Foire saint Germain, le 9 Mars 1759.

Le prix est de 24 sols sans Musique.
Les Ariettes se vendent séparément 24 sols.

A PARIS,

Chez DUCHESNE, Libraire, rue S. Jacques, au-dessous de la Fontaine S. Benoît, au Temple du Goût.

M. DCC. LIX.

Avec Approbation & Privilége du Roi.

Comédie du Comédien.
Coupe enchantée.
Cocu imaginaire.
Crispin, Médecin.
Charivary.
Concert ridicule.
Diable boiteux.
Deuil.
Delie, Pastorale.
Ecole des Jaloux.
Ecole des Maris.
Ecole du Tems.
Eaux de Bourbon.
Enlevement.
Epreuve réciproque.
Famille extravagante.
Famille.
Faulcon.
Fausse antipathie.
Faux indifférent.
Femme, Fille & Veuve.
Festes du Cours.
Feint Polonois.
Fleuve d'oubli.
Foire saint Laurent.
Folies amoureuses.
Foire de Bezon.
Foire S. Germain.
Foire d'Hambourg.
Faculté vengée.
Françoise italienne.
Fragmens de Moliere.
François à Francfort.
Galand Coureur.
Galand Jardinier.
Grande Métamorphose.
Indiscret, *de Voltaire*.
Impromptu de Versailles.
Impromptu de la Folie.
Impromptu de Surenne.
Italien marié à Paris.
Jaloux invisible.
Jeux Olympiques.
Je vous prends sans vert.
Je ne sçais quoi.
Mariannes (quatre), Opera-Comique.
Mauvais Ménage.
Médecin volant.
Mélicerte.
Métamorphoses amoureuses.
Merlin Dragon.
Médée & Jason, Parodie.
Mort vivant.
Metempsicose.
Mascarades amoureuses.
Momus Fabuliste.
Ombre de Moliere.
Opérateur barry.
Pere prudent, *de Marivaux*.
Philantrope.
Pourceaugnac.
Portrait.
Paniers (les)
Plaideurs.
Plutus.
Précieuses ridicules.
Pelerins de la Méque, Opera-Comique.
Proverbes.
Pouvoir de la Sympathie.
Rendez-vous.
Retour imprévu.
Roi de Cocagne.
Rue Merciere.
Rencontre imprévue.
Rival de lui-même.
Rival supposé.
Sicilien.
Souffleurs.
Soupé mal aprêté.
Souhaits.
Syla, Piéce Dramatique.
Triomphe du tems.
Trois Cousines.
Trois Garçons.
Vendanges de Surenne.
Vendanges d'Anieres.

ACTEURS.

BLAISE,	M. Oudinot.
BLAISINE,	Mlle. Deschamps.
Monsieur PINCE,	M. La Ruette.
Madame PINCE,	Mlle. Vincent.
PREMIER RECORD,	M. S. Aubert.
SECOND RECORD,	M. De Lisle.
NICAISE.	M. Bouret.
BABICHE.	Mlle. Vilmont.
LA CRÊMIERE.	Mlle. Luzzi.
MATHURIN.	M. De Lisle.
LA TANTE, ET AUTRES ACTEURS.	

BLAISE
LE SAVETIER,
OPERA-COMIQUE.

Le Théâtre représente une Boutique de Savetier, une armoire faite en dressoir, c'est-à-dire que le haut n'est fermé que d'un fil d'archal avec un rideau en dedans; elle est placée sur un des côtés du Théâtre, & de l'autre une table longue sur des tréteaux.

SCENE PREMIERE.
BLAISE, BLAISINE.

BLAISINE.

Que cherches-tu?

BLAISE.

Rien.

BLAISINE.
Mais encor.
BLAISE.
Mon chapeau.
BLAISINE.
Ton chapeau ? Tu veux sortir ?
BLAISE.
Non, ma femme, non.
BLAISINE.
Comment, non !
BLAISE.
Non, je vais seulement....
BLAISINE.
Hé ! tu né sors pas !
BLAISE.
Air : *C'est la façon de le faire.*
Non, te dis-je, j'ai trop affaire ;
Je ne sors pas, mais Mathurin,
Mathurin avec son compere
M'attend au cabaret voisin.
Hier ils m'ont payé bouteille
De bon vin,
Je veux leur rendre la pareille
Ce matin.

BLAISINE.
Ce matin !
BLAISE.
Oui, ce matin.
BLAISINE.
Tu iras ce soir.

OPERA-COMIQUE,

BLAISE.
Je ne peux pas.

BLAISINE.
Pourquoi ?

BLAISE.
Ah ! pourquoi, pourquoi ? C'est aujourd'hui le lendemain de la nôce de notre cousin Nicaise.

BLAISINE.
Hé ! qu'est-ce que ça te fait ? Tu sçais que je n'ai pas voulu y aller hier, parce que nous sommes dans la peine, & qu'il auroit fallu payer le lendemain.

BLAISE.
Ce n'est que pour compter, ma petite femme ; il y a des restes, je veux leur aider à faire le compte.

BLAISINE.
Ils ont bien besoin de toi.

BLAISE.
La nôce doit y venir déjeuner.

Ariette en Duo.

BLAISINE.	BLAISE.
Hélas! que je suis malheureuse!	
En quoi ? en quoi ?	Toi ! en quoi ! en quoi !
Ta conduite fâcheuse	Ma conduite fâcheuse.
Nous réduit aux extrémités.	Quelles sont ces extrémités ?
Nous devons de tous les côtés.	On nous doit de tous les côtés.
La boulangere,	
Et la bouchere,	
Le corroyeur,	Je ne dois rien au cabaret,
	Et c'est un fait.

A iv

BLAISE LE SAVETIER;

Son Procureur,
Notre hôte,
Sans faute,
Doit en ce jour nous faire
    exécuter,
Et peut-être t'arrêter.
Hélas! que je suis malheureuse!
  En quoi, en quoi,
Ta conduite fâcheuse
Nous réduit aux extrémités.
Nous devons de tous les côtés.

Toi en quoi? en quoi?
Ma conduite fâcheuse!
Quelles sont ces extrémités?
On nous doit de tous les côtés.

(Blaisine reste rêveuse; Blaise tourne encore dans la chambre, trouve son chapeau sur l'armoire, sa femme le regarde aller & dit :)

Mais aujourd'hui, malheureux que tu es! on vient nous enlever nos meubles.

BLAISE.

A**RIETTE**. Noté N°. 1.

Tiens, ma femme, je t'en prie,
Ne me donne point de chagrin.
Jouissons aujourd'hui de la vie,
On peut mourir demain.

BLAISINE.

De faim, de faim.

✝ Comme dans le cours de ce Duo Blaise a moins à dire que Blaisine qui est agitée d'une plus grande passion, il faut que Blaise occupe la Scene en faisant une espece de toilette. Qu'il mette ses boutons de manche, son col noir. Qu'il ôte son bonnet, mette sa perruque, range sa table, &c.

SCENE II.
BLAISE, BLAISINE, UN HUISSIER ET DEUX RECORDS.

UN RECORD, *parlant du nez.*

Nous venons, Monsieur, pour vous éxécuter de la part de M. Pince votre hôte.

BLAISINE.

Quoi !

BLAISE, *contrefaisant le Record.*

Paix : nous venons, Monsieur, pour vous présenter....

LE RECORD, *plus haut.*

Nous venons, Monsieur, pour vous éxécuter de la part de Mr. Pince votre hôte, Huissier à verge au Châtelet de Paris, & propriétaire de cette maison.

(Blaise ici se gratte l'oreille, & Blaisine joint les mains.)

BLAISINE.

Hé ! bien, je te l'avois bien dit ; que je suis malheureuse !

BLAISE, *frappant du pied.*

Morbleu !

BLAISE LE SAVETIER,

BLAISINE.

QUATUOR.

Hé! bien, hé! bien, es-tu content?

BLAISE.

Non, morbleu, Mathurin m'attend.

LE RECORD, *chantant du nez.*

Ecrivez, écrivez.

BLAISINE.

Es-tu pressé de boire?

LE RECORD.

Ecrivez une armoire.....

BLAISINE.

Peux-tu payer, peux-tu payer?

LE RECORD.

De bois de noyer.

LE SECOND RECORD.

De bois de noyer.

BLAISINE.

Hé! bien, es-tu pressé de boire?

BLAISE.

Je ne suis plus pressé de boire.

BLAISINE.

Peux-tu payer, peux-tu payer?

BLAISE.

Mais que diantre peuvent-ils tant écrire?

BLAISINE.

Hé! tes meubles.

BLAISE.

Ils ne t'écriront pas peut-être.

OPERA-COMIQUE.

BLAISINE.
Comment ! tu peux rire encor !
BLAISE.
Je ris de colere, car je crois que je les assommerois.

SCENE III.

Les Acteurs précédens.

Mde. PINCE, *son acariâtre, & bavarde.*

Mde. PINCE.

AH ! vous ne voulez pas payer
Votre loyer,
Canailles que vous êtes !
Vous faites
Des dettes,
Sans travailler :
Sur votre porte, à babiller
Vous passez tout le jour comme un Prince.

UN RECORD, *continuant à dicter.*
De bois de Noyer.

BLAISINE.
Madame Pince.

BLAISE LE SAVETIER

BLAISE.
Madame Pince.
Mde. PINCE.
Tout le jour comme un Prince.
BLAISINE.
Madame Pince.
BLAISE.
Madame Pince.
LE RECORD.
L'escabeau,
La lampe & le tréteau.
Mde. PINCE.
Oui, tout ira sur le carreau.
LE RECORD.
Une moitié de rideau.
Mde. PINCE.
Comme un Prince, comme un Prince.
BLAISINE.
Madame Pince.
BLAISE.
Madame Pince.
BLAISINE.
Donnez-nous du tems.
BLAISE.
Dans quelques instans.
Mde. PINCE.
Non, non de l'argent,
Et comptant, & comptant.
Cent écus, c'est la somme

OPERA-COMIQUE. 13

Du billet, & le courant :
C'est ce qu'il faut à notre homme.
Le voici qu'il va venir ;
Vous n'avez qu'à vous bien tenir.

SCENE VI.

BLAISE, BLAISINE.

BLAISINE.

Ah ! Blaise.
BLAISE.
Ah ! Blaisine, ah ! j'enrage.
BLAISINE.
Au bout de six mois de ménage,
Voir vendre sur le carreau
Et mes meubles & mon trousseau !
BLAISE.
Ah ! j'enrage.
BLAISINE.

ARIETTE : notée N°. 2.

Lorsque tu me faisois l'amour,
Qu'as tu promis à ma mere ?
Ma pauvre mere !

Tu lui disois, oui, ma commere,
Oui, ma commere,
Je vous jure que tout le jour
Je resterai dans la boutique
A travailler,
* Et votre fille ira chez la pratique
Se faire payer.
C'est au rebours,
Tu cours, tu cours :
Hélas! cela me désespere.
Pendant le cours
De nos amours,
Qu'as tu promis à ma mere?

BLAISE.

C'est vrai, j'ai tort.

BLAISINE.

Est-ce au mari à l'avoir?

BLAISE.

Allons, je ne sortirai pas, je vais me mettre à travailler.

BLAISINE.

Il est bien tems.

BLAISE.

Mais Mathurin.

BLAISINE.

Hé bien!

---

* Pendant le cours de cette Ariette, Blaise doit paroître sensible aux reproches de sa femme, & cependant désirer d'aller trouver Mathurin ; il cherche des moyens & n'en trouve pas, il approche son escabeau, ôte sa perruque, se prépare à l'ouvrage, &c.

BLAISE.
Dis-lui que je n'irai pas.
BLAISINE.
Allons, j'y cours.
BLAISE, *après avoir rêvé.*
Ecoute, écoute, si j'y allois, moi.
BLAISINE.
Pour lui dire que tu n'iras pas.
BLAISE.
Tu as raison ; mais il nous prêteroit peut-être de l'argent.
BLAISINE.
Bon ! les amis de bouteille !
BLAISE.
Pourquoi non ?
BLAISINE.

Air : *J'ai vû de notre Roi.*

Tiens, tu me fais pitié,
Par ton peu de courage.
Du moins, par amitié,
Prends vîte ton ouvrage :
Allons
Remets vîte des bouts à ces talons,
Et d'aujourd'hui sois sage.
BLAISE.
Ma petite femme ne te mets pas en colere, me pardonnes-tu ?

BLAISINE.
Il m'est bien force.
BLAISE
Mais que faire ?
BLAISINE.
Que devenir ?
BLAISE.
Je sçais bien d'où cela vient.
BLAISINE.
Et moi aussi.
BLAISE.
C'est un tour de Madame Pince.
BLAISINE.
C'est un tour de Monsieur Pince.
BLAISE.
De Madame.
BLAISINE.
De Monsieur.
BLAISE.
De la femme, je te dis.
BLAISINE.
Non, du mari ; tu ne sçais pas que Monsieur Pince m'a aimée & m'aime encore.
BLAISE.
Mais tu ne sçais pas, toi, que Madame Pince m'aimoit.
BLAISINE.

BLAISINE *frappant des mains.*
Toi ?
BLAISE.
Oui, & qu'avant leur mariage & le nôtre......
BLAISINE.
Mais moi, pendant deux ans.
BLAISE.
Mais moi, pendant six mois.
BLAISINE.
Il venoit chez nous.
BLAISE.
Elle m'attiroit chez elle : & plus de cent fois ....
BLAISINE.
Et moi plus de mille ; alors il ne m'appelloit pas Blaisine, il m'appelloit Mademoiselle Margot, & toujours le chapeau bas. Ah ! il me vient une idée ; cache-toi, cache-toi : il va venir, je crois que le voici ; oui, oui, cache-toi, & laisse-moi faire.

B

SCENE V.

BLAISINE, M. PINCE; BLAISE *caché.*

M. Pince dans le fond du Théâtre vient lentement appuyé sur une petite canne, tire son porte-feuille, ses lunettes : il fait, avec un crayon, une petite note des meubles : il examine l'armoire, & ne paroît faire qu'une médiocre attention au commencement de l'Ariette.

BLAISINE.

ARIETTE notée. N°. 3.

Ah ! le scélérat !
Il me frappe,
Et s'échappe.
Ah ! le scélérat !
Il me bat.
La colere
Me suggere
De me venger
D'un mari qui sçait m'outrager.

* Ah! le scélérat!
Il me frappe,
Et s'échappe.
Ah! le scélérat!
Il me bat.

M. PINCE.

Hé bien!

BLAISINE.

Me battre, m'assommer! & mes meubles vont être vendus!

M. PINCE.

Hé bien! hé bien!

BLAISINE.

Ah! que n'écoutois-je mon ami Pince? il auroit fait ma fortune; je l'aimerois, il m'auroit aimée.

M. PINCE.

Elle parle de moi.

BLAISINE.

J'aurois mieux valu que la femme qu'il a.

M. PINCE.

C'est vrai, c'est vrai.

BLAISINE

Je l'aimerois tant.

---

* A la reprise de cette Ariette, Blaisine pour varier son jeu, peut s'asseoir sur l'escabeau, un coude sur l'établi, regarder par-dessous son bras si M. Pince l'écoute.

BLAISE LE SAVETIER,

M. PINCE.

Elle m'aimeroit ! Mademoiselle Margot.

BLAISINE, *faisant la pleureuse.*

Ahi ! ahi ! ahi !

M. PINCE.

Mademoiselle Margot.

BLAISINE.

Ah ! vous voilà, Monsieur, je suis votre servante.

M. PINCE.

Qu'avez-vous à Pleurer ?

BLAISINE.

Je ne pleurois pas ; ahi !

M. PINCE.

Ah ! vous pleuriez, vous pleuriez ; qu'avez-vous ?

BLAISINE.

Il m'a assommé de coups.

M. PINCE.

Ah ! le misérable ! Si vous vouliez, si vous vouliez m'écouter.

BLAISINE, *pleurant.*

Ahi ! ahi !

M. PINCE.

Je ferois votre bonheur, & vous feriez le mien.

BLAISE, *caché.*

Ah ! le vieux coquin.

M. PINCE.

Hin.

BLAISINE.

Hin, hin. Je n'entends pas ce que vous voulez dire.

M. PINCE.

Je ferois votre bonheur, & vous feriez le mien.

BLAISINE.

Je n'entends pas; ahi! ahi!

M. PINCE.

Vos meubles.....

BLAISINE.

Hé bien! mes meubles!

M. PINCE.

Vos meubles resteroient.

BLAISINE.

Voyez mon bras; il est tout noir.

M. PINCE.

Ce que vous dites noir, je le vois fort blanc: ah! qu'il est beau! (*Il veut le baiser*).

BLAISINE.

Ah! ah! finissez.

M. PINCE.

Peut-être le billet.....

BLAISINE, *montrant sa main*.

Ah! ah! voyez un autre coup.

M. PINCE.

C'est vrai, cela me paroît gros. (*Il y porte la sienne.*)

BLAISINE.

Ahi, ahi, vous me faites mal.

M. PINCE.

Que d'appas! Tenez, Mademoiselle Margot, je vous rends le billet si..... (*Ici Blaisine le regarde d'un coup d'œil indécis, qu'il prend pour de la colere.*) Ne vous at-il fait que cela? montrez-moi donc tout ce qu'il vous a fait. Je crois appercevoir une marque.

BLAISINE.

Oui, j'en dois avoir encore une.

M. PINCE.

Ariette.

Où donc?

BLAISINE.

Au coude.

M. PINCE.

Hé bien! voyons.

BLAISINE.

Non, non.

M. PINCE.

Pourquoi, Blaisine, ces soupçons!

Laissez, laissez.

OPERA-COMIQUE.

BLAISINE
Non, non. Ah! c'est sensible.

M. PINCE.
Sçavez-vous que Blaise est terrible.

Tenez, Mademoiselle Margot, prenez votre billet : nous sommes seuls, prenez votre billet ; je vous demande seulement... seulement que vous ayez pour votre petit serviteur......

BLAISINE.
Vous vous moquez de moi, M. Pince : un homme comme vous !

M. PINCE.
Pourquoi, pourquoi ?

BLAISINE.
Un Huissier à verge !

M. PINCE.
Oh ! je ne suis pas fier, moi.

BLAISINE.
Ah ! vous ne m'avez jamais aimée.

M. PINCE.
Quoi ! moi ? Ah ! je vais bien vous prouver le contraire ; cette affaire d'aujourd'hui, par exemple, j'ai fait souffler l'assignation, j'ai obtenu prise de corps contre votre mari ; (*Ici Blaise paroît en colere & le menace du poing : sa femme lui fait signe*

BLAISE LE SAVETIER;

de se cacher.) je voulois le mettre en prison; ma femme vouloit que ce fût vous; mais outre que cela ne se peut pas, je ne l'ai pas voulu. Ah! Madame Blaisine! Ah! Mademoiselle Margot! Tenez, voilà le billet, prenez, prenez.

(*Il met le billet dans la main de Blaisine qu'il tient.*)

BLAISINE.
Non, je veux payer.

M. PINCE.
Vous êtes la maîtresse du payement.

BLAISINE.
Non, non.

M. PINCE.
Prenez, je vous en prie, je vous en prie.

BLAISINE, *faisant la pleureuse.*
Votre femme doit revenir.. ir... la porte...
je vais la fermer.. er.. les voisins.. ins.. votre femme.... la porte..... mon mari.... attendez.

M. PINCE.

ARIETTE notée, N°. 4.
L'argent seul fixe le caprice;
L'argent seul sçait donner la loi.
Ah! quels momens! ah! quel délice!
Ah! que de plaisir j'entrevoi!
*Hier farouche, aujourd'hui toute à moi.

---
* Pendant le cours de cette Ariette, M. Pince peut po-

OPERA-COMIQUE.

L'argent seul fixe le caprice ;
L'argent seul sçait donner la loi.

BLAISINE *s'avance pendant le cours de l'Ariette, trouve son mari qui vient pour frapper M. Pince ; elle le repousse, le force de se cacher & s'écrie :*

O ciel ! voici mon mari ; il ne sera ici qu'un instant, il va à deux lieues d'ici chercher de l'argent ; mettez-vous dans cette armoire : s'il vous trouve ici, il vous tuera.

M. PINCE.
Où ! où ! mais, si.....

BLAISINE.
Hé ! vîte, hé ! vîte.

M. PINCE, *revenant pour prendre sa canne & son chapeau.*
Mais, mais.....
(*Blaisine l'enferme.*)

---

ser sur l'établi sa canne & son chapeau avec distraction, & s'asseoir sur l'escabeau à la reprise de l'air.

SCENE VI.

BLAISE, BLAISINE;
M. PINCE *dans l'armoire.*

BLAISE.

Vas vîte chercher sa femme.
BLAISINE.
Mais.....
BLAISE.
Ne t'embarrasse pas.

(Blaisine va pour sortir & revient sur ses pas pour répondre à Blaise qui dit :)

Pourquoi es-tu si longtems à m'ouvrir ?
BLAISINE.
Je ne m'attendois pas à vous voir revenir.

Blaise commence l'Ariette suivante en lui faisant signe de s'en aller : elle reste dans le fond du Théâtre jusqu'à, réponds, réponds : non, mon ami ; pour lors elle comprend la ruse de Blaise & sort en riant.

BLAISE.
ARIETTE : notée. N°. 5.

Cet air interdit
Me dit,

Coquine,
Que dans ces lieux, à la sourdine,
En l'absence de ton mari,
Tu reçois un favori,
À la sourdine.
Réponds, réponds : non, mon ami.
Blaisine sort.

SCENE VII.

BLAISE, & M. PINCE *dans l'armoire.*

BLAISE.

Non, comment ! non. Non, mon ami !
Tiens, voilà pour ton démenti :
Hi, hi, hi.
N'est-il point caché sous ce lit ?
Hi, hi.
Si je le trouve dans mon dépit,
Je veux l'écraser sur la place,
Point de grace.
N'est-il point là, n'est-il point ici ?
Hi, hi.
On ne peut m'en faire accroire :

---

* Il imite le bruit du soufflet qu'il paroît lui donner.

Donne-moi la clé de l'armoire.
   Hi, hi, hi (*plus fort.*)
Je me moque de tes larmes ;
Tes pleurs ont des charmes
   Pour moi.
   Quoi !
Tu voudrois m'en faire accroire !
Donne-moi la clé de l'armoire.
Je ne l'ai pas, je ne l'ai pas.
Tu ne l'as pas, tu ne l'as pas !
Tu voudrois m'en faire accroire.
Donne-moi la clé de l'armoire :
 Mais c'est trop balancer,
 Et pour l'enfoncer,
Je vais là-haut chercher une massue ;
 Si tu sors d'ici, je te tue.

Blaise fait semblant de sortir, frappe à la porte de l'armoire, & contrefaisant sa voix.

Monsieur Pince, Monsieur Pince, je ne sçais que devenir ; il va descendre.

M. PINCE.

Ouvrez-moi, Madame Blaisine, ouvrez-moi.

BLAISE.

J'ai jetté la clé derriere le coffre, vous n'avez qu'une chose à faire.

M. PINCE.

Hé quoi ! dites donc, dites donc.

OPERA-COMIQUE.

BLAISE.

De vous recommander au Ciel.

M. PINCE

O ciel ! ô ciel ! maudite armoire ! Ah ! si j'eusse....

BLAISE.

Paix, paix : le voilà qui revient avec sa massue.

SCENE VIII.

BLAISE, BLAISINE,
& M. PINCE *dans l'armoire.*

BLAISINE.

Elle me suit.

BLAISE.

Oh ! tu ne veux pas me donner la clé de cette armoire où est caché ton favori. Enfonçons, enfonçons.

BLAISINE.

Hé, mon ami ! hé, mon ami ! je vais vous dire la vérité.

BLAISE.

La vérité ?

BLAISINE.
La vérité.
BLAISE.
Mais prends garde à la vérité que tu vas me dire.
BLAISINE.
Oui, mon cher ami. Monsieur Pince.....
BLAISE.
Monsieur Pince, hé bien ?
BLAISINE.
Hé bien ! cet honnête homme qui faisoit vendre nos meubles est venu ; il a trouvé que je pleurois.
BLAISE.
Hé bien ?
BLAISINE.
Hé bien ! il m'a parlé, il m'a parlé ; il m'a dit comme ça que.... il ne vouloit avoir affaire qu'à moi : les femmes sont plus douces & moins trompeuses.
BLAISE.
Hé bien ?
BLAISINE.
Hé bien ! je l'ai payé.
BLAISE.
Payé ! comment payé ?
BLAISINE.
De tes épargnes, & voilà notre billet.

BLAISE.
C'eſt bon, c'eſt bon; & cet homme qui eſt dans cette armoire?

BLAISINE.
Ce n'eſt pas moi qui l'y ai mis.

BLAISE.
Il y en a donc un?

BLAISINE.
Oui, mon ami; je ſçavois que vous vouliez vendre cette armoire.

BLAISE.
Hé bien?

BLAISINE.
Hé bien! je l'ai propoſée à Monſieur Pince qui s'eſt enfermé dedans pour voir ſi elle fermoit bien.

BLAISE.
Eſt-ce là la vérité?

BLAISINE.
Oui, mon ami; demandez plutôt.

M. PINCE.
Oui, mon cher Monſieur Blaiſe, oui c'eſt la pure vérité.

BLAISE.
Je te pardonne donc en faveur de la pure vérité. Vous pouvez ſortir, Monſieur Pince, ne craignez rien.

M. PINCE
Je le voudrois bien, c'eſt que.....

BLAISE.
Quoi?

M. PINCE.
Ariette en Dialogue.
Le ressort est, je crois, mêlé.

BLAISINE.
Mon fils, le ressort est mêlé.

BLAISE.
Par ici passez moi la clé.

M. PINCE.
La clé?

BLAISINE.
La clé.

BLAISE.
La clé.

M. PINCE.
La clé?

BLAISE.
Hé! oui, la clé, morbleu la clé, la clé.

M. PINCE.
Je ne l'ai pas.

BLAISE.
O ciel!

BLAISINE.
Je tremble!

BLAISE
Ah! vous vous entendez ensemble.
Ah! coquine, tu m'as trompé; je sçavois bien qu'il y avoit quelque chose là-dessous; je veux t'écraser sur la place. (*tout bas*). Fuis-t'en, voici Madame Pince.

SCENE IX.

SCENE IX.

BLAISE, Mr. PINCE, Me. PINCE.

Mr. PINCE.

MOn cher Monsieur Blaise, je vous dirai que....
(Il se cache dans l'armoire, sitôt qu'il entend sa femme, qui parle.)

Me. PINCE.

Hé! bien, vous voulez donc payer?

BLAISE, *à part.*

Cette glorieuse!

Me. PINCE.

Je n'ai pû trouver mon mari.

BLAISE.

Et quand je te fais caresse, c'est à toi d'y répondre.

Me. PINCE.

Blaise, Maître Blaise.

BLAISE.

Oui, à toi, à toi, trop d'honneur. Ah! Madame, bon jour; vous le sçavez, Madame Pince, que je pouvois épouser des femmes qui valoient cent fois mieux qu'elle; mais il faut être discret, & ne jamais nommer personne.

Me. PINCE.

Ah ! c'est vrai. Enfin M. Blaise vous voulez donc terminer ?

M. PINCE.

Oui, Madame, j'ai payé à votre mari ; & voilà mon billet. Cette coquine !

Me. PINCE.

Trodame, Maître Blaise, vous êtes donc bien riche. C'est bien, c'est bien.

BLAISE.

Que diriez-vous d'une femme... ? Ah ! Madame Pince, j'ai bien du chagrin.

Me. PINCE.

En quoi ?

BLAISE.

Du dépit.

Me. PINCE.

Pourquoi ?

BLAISE.

Du regret.

Me. PINCE.

Hé ! de quoi s'agit-il, mon pauvre Blaise ?

BLAISE.

Vous m'avez autrefois témoigné de la bonne volonté ; enfin n'en parlons plus. Je souhaite que vous soyez heureuse avec votre mari ; j'en suis bien puni. Que diriez-vous d'une femme.... ?

Me. PINCE.

De la vôtre ?

BLAISE.

Hé! de qui donc?

Me. PINCE.

Hé! que vous a-t-elle fait?

BLAISE.

Dites ce qu'elle ne me fait pas. Madame Pince, on est jeune, on est caressant ; je suis toujours à lui faire mille amitiés ; si je me croyois, je lui en ferois toute la journée. A l'instant même ... mais elle me rebute, elle me repousse, elle m'envoye promener ; c'est bien chagrinant, Madame Pince, & je suis bien sur que vous ne faites pas comme cela avec Mr. Pince.

Me. PINCE.

ARIETTE. Notée N°. 6.

Lui! ah! le pauvre homme!
Il n'a pas son semblable à Paris.
Sa froideur m'assomme.
C'est le plus sot des maris.
Ah! le pauvre homme,
Quand je m'approche,
  *   Il me reproche
Que je suis toujours près de lui.
Il me repousse,

---

* Pendant cette ariette Blaise attire Madame Pince du côté de l'armoire, & Mde. Pince, qui se trompe dans ses idées, ramene Blaise sur le devant du Théatre ; il répete avec elle, *Ah! le pauvre homme!* en regardant l'armoire.

BLAISE LE SAVETIER,

Et puis il touſſe.
Je ne puis mourir que d'ennui.
Ah ! le pauvre homme ! &c.

BLAISE.

Comme j'aimerois une femme comme vous ! Ah ! ſi votre mari mouroit...

Me. PINCE.

Il ne peut pas vivre longtems ; il a un aſthme.

BLAISE.

Il a un aſtheme ! Ah ! s'il mouroit.

Me. PINCE

Hé ! bien, mon pauvre Blaiſe !

BLAISE.

Comme je vous épouſerois,

Me. PINCE.

Et ta femme ?

BLAISE.

Ah ! elle mourroit auſſi ; je la connois.

Me. PINCE.

Tu m'épouſerois ?

BLAISE.

Et vous, Madame Pince ?

Me. PINCE.

Ah ! ne t'ai-je pas toujours aimé ; je t'aime encor. Quelle certitude ⟨...⟩ veux-tu, mon cher Blaiſe ?

SCENE X.
Mr. PINCE, BLAISE, Me. PINCE, BLAISINE.

(M. Pince donne un coup de pied dans l'armoire, & en sort.)

Me. PINCE.	BLAISE.
Oh! Ciel!	Oh! Ciel!

QUATUOR.

Mr. PINCE, *à sa femme.*	Me. PINCE, *à Blaise.*
Ah! grands Dieux! puis-je le croire?	Ah! grands Dieux! puis-je le croire?
Blaise a pour toi des appas,	Peux-tu me rendre un appas,
Tu desires mon trépas.	Oui, je voudrois (*& à son mari,*) ton trépas.
Ame noire,	Ame noire,
Cette armoire	Cette armoire
Me vange de ce tracas.	Prouve ton maudit tracas.
BLAISE, *riant.*	BLAISINE.
Ah! ah! ah! grands Dieux! puis-je le croire?	Ah! grands Dieux! puis-je le croire?
Ma femme a quelques appas,	Blaise a pour toi des appas!
Sans attendre mon trépas	Tu desires mon trépas.
Ame noire	Ame noire,
Dans l'armoire	Cette armoire
Tu méditois tes ébats.	Me venge de ce tracas.

(Blaise & Blaisine mettent Mr. Pince & Me. Pince à la porte. Ils sortent en se menaçant l'un l'autre.)

C iij

SCENE XI.
UN GARÇON DE CABARET; BLAISE ET BLAISINE.

LE GARÇON.

SÇAVEZ-VOUS que Mathurin s'impatiente, & que si vous ne venez pas, il va venir lui & toute la nôce.

BLAISE.

Nous y allons.

BLAISINE.

A l'instant.

(Ils s'embrassent.)

DUO.

Dans le plus paisible ménage,
Souvent pour un oui, pour un non,
Il arrive quelque tapage.
L'homme & la femme haussent le ton,
Grand bruit alors dans la maison.
Mais quand l'Amour dit qu'on se taise,
 Le bruit s'appaise.
L'homme & la femme baissent le ton,
 Tout se remet à l'unisson.

SCENE XII.
MATHURIN, BLAISE, BLAISINE.

MATHURIN.

Est-ce-que tu te moques de nous, de nous faire attendre?

BLAISE, *riant.*

Ah! ah! ah! nous allons passer la journée ensemble.

MATHURIN.

Tant mieux.

BLAISINE.

Hé! bien, hé! bien, ne voilà-t-il pas toute la nôce?

MATHURIN.

Je te l'avois bien dit.

BLAISE.

Vive la joie. Tiens ma femme; c'est aujourd'hui la nôtre aussi.

BLAISINE.

Soit.

SCENE XIII. & *derniere.*

Les Acteurs Précédens, NICAISE & BABICHE, *& quelques personnes de la nôce qui apportent des pintes & des verres.*

NICAISE.

Bon jour, mon parein.

BABICHE.

Bon jour ma cousine.

BLAISINE.

Bon jour, Babiche; bon jour, ma fille.

BLAISE.

Bon jour, mon garçon.

NICAISE.

Mon garçon, c'étoit bon hier; je suis un homme à présent.

(*La mariée* BABICHE *ricanne.*)

Hin, hin.

BLAISINE.

Bon jour, Madame la Mariée; êtes-vous bien contente?

BABICHE.

Hin, hin.

BLAISE.

Ça vaut-il mieux que d'être fille?

OPERA-COMIQUE.
BABICHE.
Hin, hin, hin.
NICAISE.
Tais toi donc, tu la ferois rire toute la journée.
BLAISE.

Air : *Si votre femme vous chagrine.*

Imite-nous, mon cher Nicaise,
Aime ta moitié,
De bonne amitié.
BLAISINE.
Lorsque je suis auprès de Blaise,
Un Cresus
Près de ses écus
Est moins que moi bien aise,
BLAISE.
Je me crois
Blaisine, avec toi ;
Plus heureux qu'un Roi.
BLAISINE, *à Babiche.*
Si quelqu'un t'apporte quittance,
Et veut t'en conter,
Feins de l'écouter,
Et plume-le moi d'importance.
Ces muguets
Qui, pour nous flatter,
Nous parlent de finance,
Ne sont faits
Que pour régaler,
Et pour s'en aller.

BLAISE LE SAVETIER,
BABICHE.
Je ne sçais pas ce que vous voulez dire.
BLAISE.
On nous entend bien.

(Ici Mathurin qui est une espece de la Tulipe qui fume sa pipe, fait signe à Blaise & à Blaisine de venir boire un coup à une table dressée sur un des côtés du Théâtre. Il entre une femme mise en Harangere qui se joint à eux ; ensuite vient une petite Crémiere. Ils boivent aussi un coup avec eux. La Crémiere vient se joindre à Nicaise à la fin de ses couplets, & la Harangere à la fin de celui de la Crémiere.

NICAISE.
Air : *Achetez de mes bagatelles.*

Moi, je n'aim' que ma petit' Babiche.
BABICHE.
Je n'veux qu'Nicais' pour mon mari.
NICAISE.
D'amitié je n' s'erai jamais chiche.
BABICHE.
Toujours d' moi tu t' verras cheri ;
Car quand j'te vois j'saut' comme une biche.
NICAISE.
Moi, je danse comme un cabri ;
Car je n'aim' que ma petit' Babiche.

BABICHE.
Je n'veux qu'Nicais' pour mon mari.
Si jamais Nicaise me triche,
Mon cœur en sera bien marri.
NICAISE.
Ce s'eroit dommag' d'l'aisser en friche
Un jardin si beau, si fleuri;
Mais j'naim' que ma petit' Babiche.
BABICHE.
Je n'veux qu'Nicais' pour mon mari.
NICAISE.
Ne crains pas qu'd'ici l'on t'déniche.
BABICHE.
Ne crains pas qu' j'aye un favori.
NICAISE.
Ah! bon Dieu, que j's'rois bientôt riche!
Si dans Paris
L'Amour avoit un prix!
Car j'n'aim' que ma petit' Babiche.
BABICHE.
Je n'veux qu'Nicais' pour mon mari.
LA CREMIERE.
Oh! comme c'est tendre! mais comme dit la chanson;

Ça n'dur'ra pas toujours,
Ça n'dur'ra pas toujours.

NICAISE.
Sçavez-vous, Mam'selle, que vous pourriez bien vous aller promener avec votre chanson?

LA CREMIERE.

Hé ! mais, c'est qu'c'est dans le vrai ; mon pauvr' Nicaise.

LA MARIÉE.

Vous êtes bien heureuse, ma cousine, d'être parente de la nôce ; entendez-vous.

NICAISE.

Oui, sans doute ; car vous n'seriez pas du repas.

LA CREMIERE.

Hé ! mais, je n'fais de mal à personne.

LA HARANGERE.

Hé! mais vraiment, Madame j'ordonne; toutes vérités ne sont pas bonnes à dire: n'faut rien pour dégoûter des jeunes gens, & ils n'ont pas besoin de ça, entendez-vous ?

MATHURIN, *en ôtant sa pipe.*

Allons, allons, dansons, donnez-moi la main, la petite Crémiere. (*Il se met pour danser ; la Tante se met à gauche.*) Mais je ne peux pas danser avec vous deux.

LA HARANGERE.

Monsieur apparemment n'sçait pas que j'suis la Tante.

MATHURIN.

Hé ! bien, dansez donc, Madame la Tante.

OPERA-COMIQUE.

LA HARANGERE.

Sans doute, & il faut que la Mariée danse aussi la premiere.

LA MARIÉE.

Hé ! mais, ma Tante.

LA HARANGERE *ôte son bonnet, prend un chapeau, le met sur sa tête.*

Allons, allons, je serai l'homme.

BLAISE.

Sçais-tu que ta Tante est une drôle de femme ?

NICAISE.

Ah ! si j'n'en héritions pas.

LA TANTE.

Allons, Monsieur, un menüet, & un beau. (*Après le menuet qui est fort court.*) Ma niece, vous ne le faites pas long, vous ne gagnerez pas d'entorse.

(*La Mariée prie le Marié.*)

NICAISE.

Ah! si j'avois mon habit noir d'hier, je danserois mieux.

BLAISE.

Que ne le mettois tu ?

NICAISE.

Oh! ma Tante dit que ce n'eſt pas la politeſſe, & qu'on eſt le lendemain autrement que l'jour.

(Le menuet fini, il entre d'autres danſeurs. Pendant ce temps on ôte la table & l'armoire. Blaiſe ordonne, & fait ranger les meubles avec Blaiſine. Ils ôtent l'eſcabeau. Blaiſine veut donner un coup de balai.

C'eſt bon, c'eſt bon, notre bourgeoiſe.

NICAISE.

Allons plutôt joindre la nôce, la ſalle eſt plus grande.

(Enſuite un Ballet général dans lequel il y aura une entrée d'Ivrognes, & la Piece finit par le Ballet.

FIN.

APPROBATION.

Lû & approuvé ce 24 Juin 1759. CRÉBILLON.

Vû l'Approbation, permis d'imprimer à la charge d'enregiſtrement à la Chambre Snydicale, ce 27 Juin 1759.
BERTIN.

Le Privilége & l'Enregiſtrement ſe trouvent au nouveau Théâtre de la Foire.

Catalogue de Parodies & Opera Comiques.

De M. FAVART.

Moulinet premier.
La Chercheuse d'Esprit.
Le prix de Cythere.
Le Coq du Village.
Acajou.
Amours Grivois.
Le Bal de Strasbourg.
La Servante justifiée.
Hippolite & Aricie.
Les Batteliers de S. Cloud.
La Coquette sans le sçavoir.
Thésée, Parodie.
Cythere assiégée.
L'Amour au Village.
Amans inquiets.
Les Indes dansantes.
Les Amours champêtres.
Fanfale.
Raton & Rosette.
Musique de Raton & Rosette.
Tircis & Doristhée.
Briocco.
Les Amours de Bastien & Bastienne.
Le Bal Bourgeois.
Zéphyre & Fleurette.
La Fête d'Amour, Comédie.
Les jeunes Mariés.
La Bohemienne, Comédie.
La Musique de la Bohemienne, 2 Parties.
Les Chinois.
La Musique des Chinois.
Les Nymphes de Diane.
Ninette à la Cour.
La Musique de Ninette, 4 parties.
L'Amour impromptu, Parodie.
Le Mariage par escalade.
La Répétition interrompue, Op. C.
Les Ensorcelés, ou Jeannot & Jeannette.
La Nôce interrompue.
La Fille mal gardée, Parodie.
La soirée des Boulevards.
La Musique de la soirée.

1759.
Pettine, Parodie de Proserpine.

De M. VADE.

La Fileuse, Parodie.
Le Poirier, Opera Comique.
Le Bouquet du Roi.
Le Suffisant.
Les Troqueurs & le Rien, Parodie.
Airs choisis des Troqueurs.
Le Trompeur trompé.
Il étoit tems, Parodie.
La nouvelle Bastienne.
La Fontaine de Jouvence.
Les Troyennes de Champagne.
Jerôme & Fanchonnette, Pastorale.
Le Confident heureux.
Follette ou l'Enfant gâté.

Nicaise, Opera Comique.
Les Racoleurs, Opera Comique.
L'Impromptu du cœur.
Le mauvais plaisant, Opera Com.
Les Canadiennes, Comédie.
La Pipe cassée, Poëme.
Les Bouquets Poissards.
Les Lettres de la Grenouillere.
Oeuvres posthumes, faisant le Tome quatrième, contenant les Amans constans jusqu'au trépas, des Fables & Contes, des Chansons avec la musique, & divers morceaux de Poësie, &c.

De M. ANSEAUME.

Le Monde renversé.
Bertholde à la Ville, avec les Ariettes.
Le Chinois poli en France.
Les Amans trompés, Opera Com.
La fausse Aventuriere.
Le Peintre amoureux de son Modele.
Le Docteur Sangrado, Opera Com.
Le Medecin d'Amour.
Les Ariettes du Medecin d'Amour.
Cendrillon.

Suite des Opera Comiques de differens Auteurs.

Le Troc, Parodie des Troqueurs avec la Musique. 3 liv. 12 sols.
Le Retour favorable.
La Rose ou les Fêtes de l'Hymen.
Le Miroir Magique.
Le Rossignol, avec la Musique.
Le Dessert des Petits Soupers.
Le Calendrier des Vieillards.
La Coupe enchantée.
Les Filles, Opera Comique.
Le Plaisir & l'Innocence.
Les Boulevards.
L'Ecole des Tuteurs.
Zephire & Flore.
La Péruvienne.
Les Fra Maçonnes.
L'Impromptu des Harangeres.
La Bohemienne, avec la Musique.
Le Diable à quatre, avec les Ariettes.
Les Amours Grenadiers.
La Guirlande.
Le Quartier Général, Opera Com.
Le Faux Dervis, Opera Comique.
Le Nouvelliste, Opera Comique.
Gilles, Garçon Peintre.
Le Magazin des Modernes.
L'heureux Déguisement.
Les Ariettes de l'heureux Déguisem.

1759.
La Parodie au Parnasse.
Blaise Savetier, Opera Comique.
La Musique du même.
Le Retour de l'Opera Comique.

www.ingramcontent.com/pod-product-compliance
Lightning Source LLC
Chambersburg PA
CBHW070657050426
42451CB00008B/397